Frank Le Gall

LES AVENTURES DE THEODORE POUSSIN

la maison dans l'ile

Couleurs : Frank Le Gall et Dominique Thomas

RepéRages

DUPUIS

Dépôt légal : janvier 1994 — D.1994/0089/15
ISBN 2-8001-2084-3 — ISSN 0773-4794
© 1994 by Le Gall and Editions Dupuis.
Tous droits réservés.
Imprimé en Belgique par Proost/Fleurus.

AH ! C'EST TOI, CONFUCIUS. QU'EST-CE QUE TU VEUX ?

HI HI HI ! CONFUCIUS VU BATEAU COLPORTEUR BIENTÔT PARTIR... ALORS CONFUCIUS VENU DIRE ADIEU.

PAS ADIEU, CONFUCIUS. AU REVOIR ! TU SAIS BIEN QUE JE SUIS DE RETOUR DANS QUELQUES SEMAINES.

A-DIEU !

!

"MANGEUR D'ARCHIPELS" PRENDRE LA MER CE SOIR, ET CE SOIR LA MER MIS SON MANTEAU DE PLUIE

TRÈS POÉTIQUE ET APRÈS ?

SIMPSON, ET SEIFERT, ET BRANDT, EUX AUSSI PRIS LA MER PAREIL CAPITAINE POUSSIN. MAIS EUX PAS REVENUS, JAMAIS, ET STEPLING, LUI REVENU FOU... PAREILLE NUIT, PAREILLE MER... EUX VU L'ÎLE DES ESPRITS...

BEAUCOUP MARINS L'ONT VUE... ÎLE SORTIR DU BROUILLARD... ELLE TRÈS GRANDE, BEAUCOUP NOIRE ET BEAUCOUP DANGEREUSE MAIS ÎLE PAS EXISTER... ELLE FANTÔME !

AH ! J'Y SUIS ! JE COMPRENDS !

HEIN ? MAIS C'EST QU'IL VOUS FLANQUERAIT LA FROUSSE, CET ANIMAL-LÀ !

L'ÎLE DES ESPRITS ? QU'EST-CE QUE C'EST CONFUCIUS ?

CE QUE CE PAUVRE DIABLE NOUS DÉCRIT N'EST QU'UN DE CES PHÉNOMÈNES MÉTÉOROLO... MÉTÉOLO... ENFIN, UNE CALEMBREDAINE, QUOI !

TOI SÛR, MARCHAND ? TOI SAVOIR QUOI CACHÉ DANS LA MER ET QUOI CACHÉ DERRIÈRE CHOSES ? TOI SAVOIR TOUT QUOI DANS LA TÊTE DES HOMMES ?

!

ALLEZ ! ET PUIS ÇA SUFFIT COMME ÇA, OISEAU DE MALHEUR ! NOUS AVONS BIEN AUTRE CHOSE À FAIRE QU'À ÉCOUTER TES DIVAGATIONS !

A-DIEU, CAPITAINE POUSSIN ! HI HI HI...

BRRRR...

4

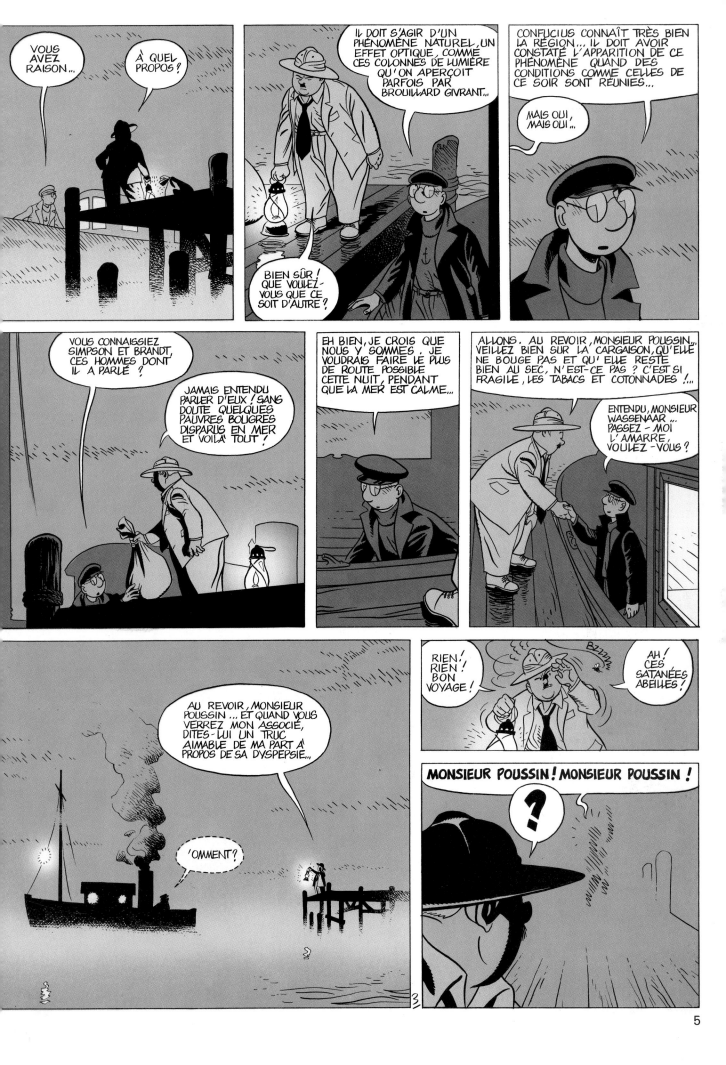

5

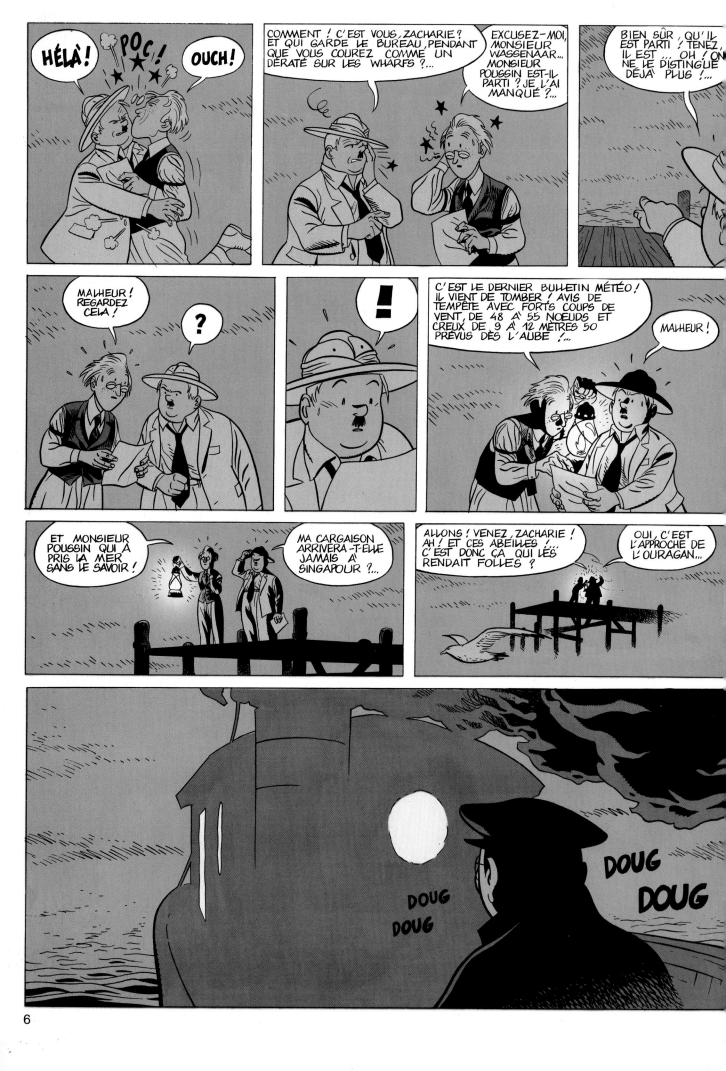

9

10

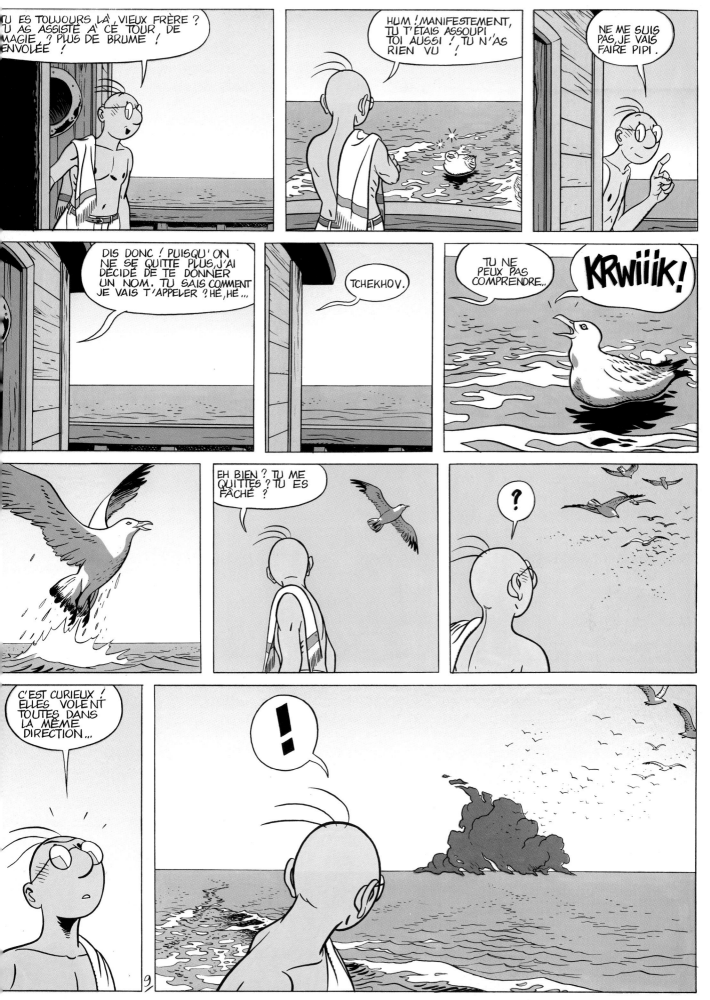

17

18

21

23

'CRAC

CRAC

CRAC

CRAC

CRAC

A Y EST ! EST ASSÉ !

QUI ÉTAIT-CE ?

TOUT CE QUI BOUGE ! CE SAUVAGE ABAT MÊME LES PÉLICANS ET LES CORMORANS. IL TIRERAIT AUSSI BIEN SUR VOUS OU SUR MOI !...

ET À LUI, VOUS LUI VOLEZ AUSSI DE LA NOURRITURE ?

QU'ALLEZ-VOUS IMAGINER ? À PROPOS, VOUS AVEZ FAIM ?

CHASSEUR. CETTE ESPÈCE D'ANIMAL A PLUS DE FLAIR QU'UN TIGRE.

T QUE ASSE-IL ?

MEURS DE FAIM, MAIS VOUDRAIS D'ABORD ONTER À CET ARBRE POUR OIR SI JE SUIS ENCORE LOIN E LA MAISON.

QUELLE MAISON ?

EH BIEN, VOUS SAVEZ, LA MAISON SUR LA COLLINE...

AH OUI.

SAVEZ-VOUS QUI HABITE LÀ ?

JE N'Y SUIS JAMAIS ALLÉE... LE CHASSEUR, PEUT-ÊTRE ?

PEUT-ÊTRE... MAIS ! ÇA, C'EST CURIEUX...

25

ZZZZZnnniiiiiiilllip

QU'EST-CE QUE ...?

¡ISA!

CHUT!

ISA, QUE FAITES-VOUS ICI ?

CHUT ! RAMASSEZ VOS AFFAIRES ET SUIVEZ-MOI SANS BRUIT !

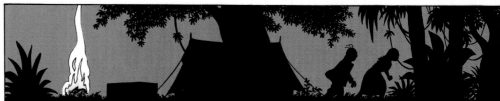

ALLEZ-VOUS M'EXPLIQUER, À LA FIN ?

REGARDEZ !

CE SONT DES SANGSUES TERRESTRES. ELLES ATTENDENT QU'UN ANIMAL À SANG CHAUD PASSE JUSTE SOUS ELLES POUR SE LAISSER TOMBER SUR LUI.

TOUT À L'HEURE, LA PLUS GROSSE SANGSUE DE CETTE FORÊT VOUS EST TOMBÉE DESSUS !

?

VOUS VOULEZ PARLER DU CHASSEUR ?

DITES, VOUS PARLEZ DU CHASSEUR ?

VOUS VOULEZ TOUJOURS VOUS RENDRE À LA MAISON DE L'ÎLE ?

PLUS QUE JAMAIS ! C'EST VOUS QUI AVEZ ÉLOIGNÉ LE CHASSEUR, TOUT À L'HEURE ?

OUI, J'AI FAIT DU BRUIT EN FACE DE LUI POUR L'ATTIRER LOIN DE VOUS.

ÉCOUTEZ. CE SOIR, IL Y AURA UNE FÊTE À LA MAISON SUR LA COLLINE ET TOUS LES HABITANTS DE CETTE FORÊT Y SERONT ...

30

32

MONSIEUR NE PEUT RESTER
...NSI... IL Y A SÛREMENT
L' HABIT POUR MONSIEUR
...L'IN-...TÉRIEUR...

ET VOUS PARLEZ, ERNEST?
DÉCIDÉMENT, LA SOIRÉE
S'ANNONCE
EXCEPTIONNELLE!

LES CHAMBRES
DOIVENT SE
TROUVER PAR
ICI...

...OILÀ. JE LAISSE
...ONSIEUR
...'HABILLER...

MERCI, ERNEST.
JE VOUS
REJOINS
DEHORS...

QUEL
CHIC!

"DEMOISELLE, À VOUS VOIR
SUR LES PONTS-PROMENADE
PARMI LES PANTINS D'UN SOIR
COMMENTANT LA RADE..."

TIENS?
L'ÉCRIVAIN...

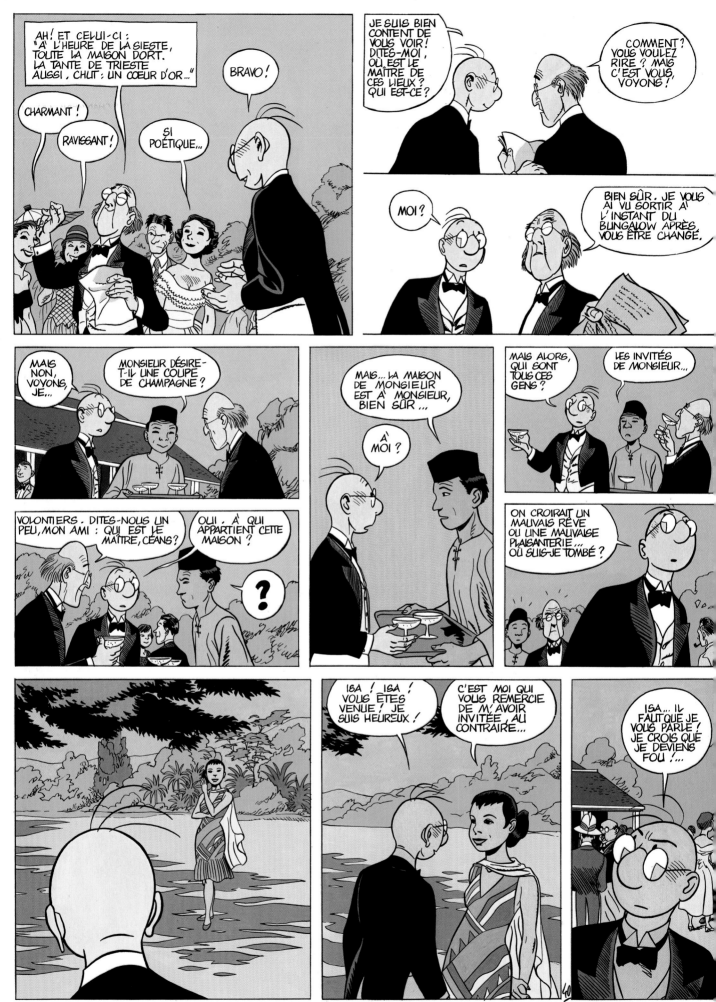

42

44